T.Breise

Wie man glückliche Kinder erzieht

Die drei Säulen einer glücklichen Kindheit

Eltern-Erziehungsratgeber

Auflage 2018 Juli
ISBN-13: **978-1724581143**
ISBN-10: **1724581147**

Webseite tbreise.buch-autoren.de
Email: tbreise@tbreise.buch-autoren.de
Impressum:

T.Breise

c/o Autoren.Services

Zerrespfad 9

53332 Bornheim
Gestaltung: Jason Masters Photography
Bilder: shutterstock.com Photography

Newsletter Eintrag für Neuerscheinungen,
bitte per Email Anfrage an:
newsletter@tbreise.buch-autoren.de

T.Breise

Wie man glückliche Kinder erzieht

Die drei Säulen einer glücklichen Kindheit

Eltern-Erziehungsratgeber

Inhaltsverzeichnis

Einleitung

„Die Eindrücke der Kindheit wurzeln am tiefsten."

(Karl Emil Franzos)

Die Kindheit ist eine wichtige Basis für das spätere Leben. Diesen Satz würde wahrscheinlich jeder unterschreiben. Doch darüber hinaus gehen die Vorstellungen weit auseinander. Während die einen Eltern ihr Kind mit Geschenken überschütten wollen, neigen andere eher zu einer Erziehung zur Bescheidenheit. Manche Mütter geben sich viel Mühe, ihren Kindern Kompetenzen für den Alltag zu vermitteln. Andere Mütter legen mehr Wert auf die Sozialkompetenzen. Manche Kinder verlassen das Elternhaus mit einem Bausparvertrag, einem Führerschein und einer Haushaltshilfe, manche haben eine Zahnbürste und ein Fahrrad. Erziehung ist und bleibt weitgehend den Eltern überlassen. Dabei sind die meisten Eltern von dem Wunsch getrieben, ihre Kinder zu glücklichen Erwachsenen zu erziehen. Einer kleinen Anekdote nach soll John Lennon einmal zu seiner Mutter nach Hause gekommen sein. Die Lehrerin hat ihm eine Notiz mitgegeben, die die Mutter unterschreiben sollte. Sie lautete: Ihr Sohn hat auf meine Frage, was er einmal werden wolle, geantwortet: Glücklich. Ich denke, Ihr Sohn hat den Sinn der Schule nicht verstanden. Frau Lennon, die Mutter des Mannes, der später begnadeter Musiker wurde, hat unter die Notiz geschrieben: „Ich glaube, Sie haben den Sinn des Lebens nicht verstanden. Diese kleine Geschichte regt zum Nachdenken an, denn wie oft wird von Kindern verlangt, dass sie sich für einen Beruf oder eine Tätigkeit entscheiden, ihre eigenen Gefühle aber hinten anstellen? Das Leben besteht aus vielen verschiedenen Bereichen. Glückliche Menschen sind im ganzen Leben glücklich, nicht nur in einem einzigen. Früher gingen Psychologen von einem Drei-Säulen-Modell aus. Dieses Modell besagte, dass das Glück eines Menschen auf den Säulen „Soziale Beziehungen", „Häusliche Geborgenheit" und „Nestwärme" ruhte. War eine der drei Säulen instabil oder gar zerstört, wurde das Glück eines Menschen beeinträchtigt. Obwohl das Modell inzwischen veraltet ist, steckt immer noch ein wahrer Kern darin. Das Geheimnis glücklicher Kinder liegt darin, diese drei Säulen stabil zu halten. Dafür braucht das Kind die folgenden Faktoren:

1.   Selbstwertgefühl

2.   Soziale Kompetenzen

3.   Eigenverantwortung

Viele Wege führen nach Rom. Dieses Buch zeigt für jeden der Faktoren einen Weg, der beschritten werden kann, damit die genannten Fähigkeiten und Einstellungen vermittelt werden können.

Kindheit ist ein Prozess, den alle Menschen erleben. Doch alle erleben ihn unterschiedlich. In der Gesellschaft besteht ein überwiegend positives bis verträumtes Bild über Kindheit. Hier ergeben sich Gedanken an

Purzelbäume auf der Wiese, Spielen mit Puppen und Gute-Nacht-Geschichten. Kindheit wird häufig stark verklärt. Betrachten wir die bittere Realität, haben es viele Kinder sehr schwer in der angeblich so unbeschwerten und der schönsten Zeit ihres Lebens. Trennungen und Scheidungen, Armut oder körperliche und seelische Gewalt gehören ebenso zur Kindheit wie rosa Einhörner und Sandspielzeug. Eltern können ihre Kinder nicht vor der Welt beschützen. Das würde ihnen einen unerträglichen Leistungsdruck bescheren. Eltern können aber dafür sorgen, dass Kinder in der Kindheit Kinder sein dürfen, die bereits in jungen Jahren merken, dass sie stark und frei sind. Denn eine glückliche Kindheit ist keine Kindheit ohne Krise. Eine glückliche Kindheit ist eine Kindheit, in der Krisen bewältigt werden können.

Die folgenden Kapitel befassen sich mit den einzelnen Kompetenzen, die glückliche Kinder spielend erlernen. Am Schluss jedes Kapitels befindet sich der Abschnitt „Spielkiste". Hier erfahren Eltern praktische Tipps, um die betreffende Kompetenz zu trainieren und nahezu kinderleicht zu erwerben.

Weil die meisten von uns wissen, dass Zeit das größte Geschenk ist, das wir unseren Kinder machen können, gibt es am Ende jedes Kapitels, direkt hinter der *Spielkiste* einen kleinen Impuls dafür, was gerade JETZT oder bei nächster Gelegenheit mit dem Kind gemacht werden könnte, um es ganz konkret glücklich zu machen.

Kindheit im Wandel der Gesellschaft

„Wer sich seiner eigenen Kindheit nicht mehr deutlich erinnert, ist ein schlechter Erzieher."

(Marie von Ebner-Eschenbach)

Kindheit ist immer von der Zeit und vom gesellschaftlichen Kontext abhängig, in dem sie stattfindet. So waren die Eltern früher meist autoritärer als moderne Eltern. Kinder mussten ihre Eltern rund um den ersten Weltkrieg noch siezen. Schläge galten lange als ein probates Mittel zur Erziehung. In früheren Zeiten waren Kinder oft „unvollständige Erwachsene". Das Menschenbild prägte das Bild von der „halben Portion". Kinder wurden als Nachfolger ihrer Eltern gesehen, eine eigene Individualität wurde ihnen oft verwehrt. Auch das Patriarchat einen großen Einfluss auf Kindheit gehabt. So waren Mädchen weniger wert als Jungen, der älteste Sohn musste in Papas Fußstapfen treten und eine Tochter wurde verheiratet. Eltern zahlten sogar eine Mitgift, um das Kind unter die Haube zu bringen. Die Schriftstellerin Astrid Lindgren hat viel für Kinder und Kindheit getan, indem sie provozierende kleine Helden verfasste. Ihre „Kinder aus Bullerbü" und Carlson vom Dach sind ebenso wie Pippi Langstrumpf eine Herausforderung für die Erwachsenen gewesen. Plötzlich gaben Kinder Wiederworte, erklärten die Welt auf ihre Weise und emanzipierten sich – zumindest in Büchern. Wenn wir daran denken, dass wir in der Gegenwart einen Kinderschutz haben, der Kinderarbeit ebenso verbietet wie den Konsum von Zigaretten und hochprozentigem

Alkohol, dann hat sich für Kinder viel getan. Halten aber dagegen, wie viele Kinder psychosomatisch krank sind, wie viele Schulabbrecher es gibt und wie viele Kinder unter Depressionen und anderen Erkrankungen leiden, gibt es noch viel zu tun. Dabei ist der beste Weg, Kindern eine glückliche Kindheit zu ermöglichen, der private Weg. Wenn jedes Elternteil seinem eigenen Kind eine Kindheit zugesteht, die ihm die Chance auf ein glückliches Leben als Erwachsener eröffnet, ist für jedes Kind gesorgt.

Ziele der Erziehung

"Ich glaube, dass Erziehung Liebe zum Ziel haben muss."

(Astrid Lindgren)

Wenn Eltern ihr erstes Kind erwarten, machen sie sich Gedanken über Erziehung. Sie nehmen sich sicher vor, nicht die gleichen Fehler zu machen wie ihre Eltern. Außerdem wollen sie ein glückliches Kind. Doch Glück ist nicht immer gleich definiert. Während eine Mutter unter Glück eine unbeschwerte Zeit in der freien Natur versteht, sieht eine andere vielleicht die Förderung der Talente des Sprösslings als Glück. Ein Vater versteht unter Glück, ein guter Fußballspieler zu werden. Ein anderer Vater wünscht sich für sein Kind ein gutes Einkommen und ein Luxusleben als Glücksgarantie. Im oben genannten Zitat formuliert Astrid Lindgren, selbst Mutter einer Tochter und Autorin weltberühmter Kinderbücher, ein sehr einfaches Ziel: Liebe.

Damit ist mehr gesagt, als in dicken Fachbüchern über Erziehung gesagt werden kann. Die Eltern werden aufgefordert, ihr Kind mit dem Herzen zu erziehen. Das ist offensichtlich schwerer als man denkt. Liebe, sonst nichts. Also können Eltern sich alles andere von ihrer Liste streichen. Liebe zu bekommen und Liebe zu geben soll, so Lindgren, das Ziel sein. Da niemand weiß, in welcher Welt sein Kind später als Erwachsener leben wird, scheint dieses Ziel sehr gut geeignet. Denn ob es noch Traumjobs oder Geld gibt, ob noch geheiratet wird oder ob Singles zum Mond fliegen, ist ungewiss. Eines aber ist für alle Menschen vorstellbar. Die Liebe bleibt. Deshalb sollte das Ziel in der Erziehung sein, dem Kind Liebesfähigkeit sich selbst und anderen gegenüber zu vermitteln.

Eine glückliche Kindheit hat viel mit Liebe zu tun. Doch nicht die Liebe, mit der die Eltern das Kind überschütten ist gemeint. Das Kind braucht einen guten Draht zu sich selbst, um glücklich zu sein. Die Liebe, mit der es sich behandeln kann, ist entscheidend dafür, ob es mit sich selbst im Reinen sein kann. Nur, wenn ein Kind sich selbst zu lieben lernt, wird es sich selbst wertschätzen und mögen. Leider zweifeln viele Kinder heute daran, dass sie gut sind. Minderwertigkeitsgefühle und Selbstzweifel bei Kindern sind häufig anzutreffen. Eine glückliche Kindheit beginnt damit, dass das Kind sich selbst annehmen kann. Es ist gut, wie es ist und das sollte jedes Kind wissen.

Folgen einer glücklichen Kindheit

Wohin führt eine glückliche Kindheit? Niemand kann garantieren, dass glückliche Kinder zu glücklichen Erwachsenen werden. Die Einflüsse, unter denen ein Mensch steht, sind nicht abzuschätzen oder im Voraus zu berechnen. Aber in jedem Fall führt eine glückliche Kindheit dazu, dass der Mensch eine hohe Widerstandsfähigkeit entwickelt. Ein glückliches Kind baut Reserven auf, die in späteren Krisen gut verwendet werden können. Der Fachbegriff für diese Widerstandskraft ist Resilienz. Resiliente Kinder können sich gut entwickeln, auch wenn schwierige Umstände ihr Leben überschattet. Ein resilientes Kind hat Vertrauen in sich und seine Fähigkeiten und sucht sich Hilfe, wenn es nicht weiterkommt. Aus diesem Grund ist die Widerstandsfähigkeit sicher einer der wichtigsten Faktoren in der Kindheit. Wie diese Widerstandsfähigkeit gefördert werden kann, ist relativ leicht zu erklären. Sie hat zur Folge, dass das Kind glücklich in seiner Kindheit ist und gute Aussichten auf Glück in den späteren Lebensphasen hat. „Sind die Kinder klein, müssen wir ihnen helfen, Wurzeln zu fassen. Sind sie aber groß geworden, müssen wir ihnen Flügel schenken", sagt ein indisches Sprichwort. Mit den Wurzeln ist die Stabilität des eigenen Lebens gemeint und mit den Flügeln die Freude an Entwicklung. Glückliche Kinder haben ein Nest und ein Ziel.

Um diese beiden Faktoren zu vermitteln, eignet sich keine Privatschule und kein Coach oder

Psychotherapeut. Die Nestwärme und die Perspektive können nur die Eltern vermitteln. Darauf sollten Eltern achten, die sich trennen. Beide Eltern sind das Nest des Kindes, beide sollten an den Perspektiven des Kindes Interesse zeigen. Wenn Eltern sich trennen, muss das für das Kind kein Drama sein. Das setzt voraus, dass beide Eltern die Eltern des Kindes in genau dem Maße bleiben, in dem sie es vorher waren. Ein glückliches Kind wird familiäre Veränderungen gut verkraften. Auch in späteren Jahren wird es flexibel auf die Bedürfnisse anderer Menschen eingehen können. Das funktioniert aber nur, wenn die Bindungen zu Bezugspersonen unangetastet stabil sind.

Die drei Säulen einer glücklichen Kindheit

Es gibt sehr viele Faktoren, die auf das Kind in den ersten 12 Lebensjahren einwirken. Wenn aus dem Kind ein Jugendlicher wird, hören die Einflüsse aber noch nicht auf, sie verändern sich nur. Eltern können unmöglich alles im Blick oder im Griff haben, was das eigene Kind betrifft. Sie können aber darauf achten, dass wichtige Merkmale und Fähigkeiten gefördert werden. So schließen sie das eine oder das andere Risiko für ihr Kind aus. In erster Linie geht es in der Kindheit darum, dem Kind eine Art „Werkzeugkoffer" zu geben, den es für die Dauer seines Lebens nutzen kann, wenn er gebraucht wird. Wie dieser Koffer gefüllt sein sollte, ist auf den folgenden Seiten zu lesen. Er hat drei Fächer: Selbstwertgefühl, soziale Kompetenz und Eigenverantwortung. Welche Werkzeuge genau in den einzelnen Fächern zu finden sind, ist unten genau aufgeführt.

Warum sind es genau diese drei Säulen? Es gibt zahlreiche pädagogische Richtungen, die sich teilweise sehr ähnlich sind. In diesem Buch werden die oben genannten Säulen näher beleuchtet. Sie wurden ausgewählt, weil kein Konzept alle Faktoren berücksichtigen kann. Aber wenn ein selbstbewusstes Kind weiß, wie es sich anderen gegenüber verhalten will und soll, hat es gute Möglichkeiten, im Leben nicht einsam zu sein. Beruflich und privat sind soziale Kompetenzen extrem wichtig. Diese Kompetenzen können nur gezeigt werden, wenn ausreichend Selbstbewusstsein aufgebaut wurde. Schüchterne Menschen haben es schwerer in der Welt. Die beiden Säulen hängen sehr eng zusammen. Sozialkompetenz und Selbstbewusstsein fördern sich immer gegenseitig. Sie bieten einen guten Schutz gegen das Scheitern. Die Eigenverantwortung hat damit zu tun, dass ein Kind den Bezug zu sich selbst festigt. Opfermentalität und Selbstzweifel führen zu Problemen mit sich und anderen. Eine glückliche Kindheit vermittelt auch die Fähigkeit, mit sich selbst klarzukommen.

Die erste Säule: Selbstwertgefühl – mir macht keiner was vor

Selbstwertgefühl ist ein Wort, das in aller Munde ist. Doch viele machen sich wenig Gedanken darüber, was dieser Begriff überhaupt bedeutet. Selbstwertgefühl ist das Gefühl für den eigenen Wert. Es bildet sich unter bestimmten, positiven Bedingungen. Das Gefühl dafür, wertvoll zu sein, resultiert aus bestimmten Erfahrungen, die ein Kind macht. Die berühmte Marilyn hat ein Zitat geprägt, das auf Selbstwertgefühl hinweist.

„Als ich ein kleines Mädchen war, sagte mir niemand, dass ich hübsch sei. Man sollte allen kleinen Mädchen sagen, dass sie hübsch sind, selbst wenn es nicht stimmt." (Marilyn Monroe)

Die Diva, die durchaus auch unglückliche Zeiten gehabt haben soll, spricht von der Anerkennung, die sie erfahren hat. Die Komplimente über ihre Schönheit haben ihr das sichere Gefühl gegeben, schön zu sein. Dieses Gefühl hat sie immer ausgestrahlt. Obwohl von ihr gesagt wird, sie habe Schönheit oft als Belastung gesehen, so konnte sie doch als selbstbewusste Frau auftreten und ist nach ihrem Tod zu einem Vorbild für viele selbstbewusste Frauen geworden. Auch Pablo Picasso soll eine ähnliche Geschichte über seine Mutter erzählt haben: „Mein Junge, wenn du Soldat werden willst, wirst du General. Wenn du Priester werden willst, wirst du Papst. Ich wollte Maler werden und bin Picasso geworden." In dieser kleinen Anekdote strotzt Picasso nur so vor Selbstbewusstsein. Ein glückliches Kind ist selbstbewusst. Und einem selbstbewussten Kind fällt es leichter, glücklich zu sein. Wie können Eltern das erreichen? Offensichtlich, indem sie das Kind bestärken. Das bedeutet, dem Kind das Gefühl zu geben, dass es großartiges vollbracht hat, wenn die ersten Gemälde die Küchenwand zieren. Auch der erste Gesang und die vielen Gedichte, die sich nicht wirklich reimen, sind Leistungen, die anerkannt werden sollten. Schließlich ist gerade in der Zeit der Computer-Kinder alles toll, was das Kind ohne Knopfdruck und ohne Konsumhaltung aus eigener Kraft vollbringt.

Um das Selbstwertgefühl des Kindes zu stärken, eignen sich die folgenden Aktionen:

1. Loben, loben, loben

2. Ermutigen, sich großen Herausforderungen zu stellen

3. Pläne ernst nehmen, die das Kind erzählt

4. Beistand bieten, wenn andere Kinder die Werke des Kindes nicht zu schätzen wissen

5. Ansprechbar sein, damit das Kind sich nicht allein fühlt

Die folgenden Aktionen können sich schädigend auf das Selbstwertgefühl des Kindes auswirken:

1. Pläne korrigieren, weil das Kind zu jung sei

2. Aufgaben und Herausforderungen als zu groß einstufen

3. Nicht zuhören, wenn das Kind seine Vorhaben beschreibt

4. Andere als Vorbilder hinstellen, an denen das Kind sich orientieren soll

Stabile Bindungen – ein starker Anfang

„Das Herz einer Mutter ist das Schulzimmer ihres Kindes."

(Henry Ward Beecher)

Ohne eine Bindung zu einer Bezugsperson ist es schwer, das Gefühl für den eigenen Wert zu entwickeln. Das Kind braucht einen Spiegel, einen Feedbackgeber, dem es vertrauen kann. Das ist sogar bei Erwachsenen noch so. Wer einsam ist, hat ein weniger gutes Gefühl für seinen Wert als ein Mensch, der in glücklichen Beziehungen zu Partner, Freunden und Familie fest verankert ist. Stabile Bindungen wurden in repräsentativen Untersuchungen als der wichtigste Faktor für ein gesundes Aufwachsen von Kindern nachgewiesen. Deshalb ist wichtig, dass diese Bindungen für ein Kind zur Verfügung stehen, wenn es geboren wird. Sie sollten so lange für das Kind verfügbar sein, wie das Kind sie braucht, also auch Jahrzehnte lang.

Hinsichtlich der Intensität verändert sich der Bedarf des Kindes. Während sehr junge Kinder noch nur die Mutter brauchen, haben Kinder ab drei Jahren schon ein großes Interesse an anderen Kindern. Spätestens ab dem sechsten Lebensjahr können Freunde vorübergehend wichtiger werden als die erwachsene Bezugsperson. Das bedeutet aber nicht, dass die Eltern sich nun zurückziehen können. Es bedeutet eher, dass sie im Hintergrund für das Kind ansprechbar sind, jedoch seltener bemüht werden. Die Bezugsperson(en) sind ein Sicherheitsnetz. Das ist zwar keine sehr dankbare Aufgabe für die Eltern, doch eine sinnvolle. Denn während das Kind sich immer weiter vom Nest der Eltern entfernt, freut es sich doch darüber, dass dieses Nest im Notfall erreichbar ist. Das Kind läuft glücklich über Stock und Stein. Die Eltern nehmen es in die Arme, wenn es zurückkommt. So sieht die Vorbereitung der späteren Ablösung aus. Sie läuft Stück für Stück ab, und zwar vom ersten Lebenstag des Kindes an.

1955 haben die beiden Forscherinnen Werner und Smith eine Studie durchgeführt, die bis heute eine große Bedeutung in der Kindererziehung hat. Sie beobachteten Kinder auf der hawaiianischen Insel Kauai und verglichen sie hinsichtlich ihres Auswachsens und ihrer Bedingungen. Die beiden Frauen fanden heraus, dass eine stabile Bindung an eine Bezugsperson große Auswirkungen auf die spätere Entwicklung der Kinder hatte. Kinder, die diese stabile Bindung hatten, waren als Erwachsene widerstandsfähiger gegen störende Einflüsse und Lebenskrisen. Die Fähigkeit, die die beiden dadurch entdeckten, wird heute Resilienz genannt. Darunter wird die Fähigkeit verstanden, das Leben auch dann zu meistern, wenn es anstrengend wird. Resiliente Kinder sind einfach nicht so leicht aus dem Konzept zu bringen. Das ist eine wichtige Voraussetzung für Glück. Wer in Krisen weiß, wie er handeln soll, hat weniger Ängste und fühlt sich seltener ausgeliefert.

Stabile Bindungen brauchen Klarheit

Um einem Kind diese Fähigkeit zu vermitteln, ist, wie bereits gesagt, eine stabile Bindung zu einer Bezugsperson wichtig. Heute scheitert dieses Vorhaben oft schon daran, dass die Erwachsenen nicht wissen, wer die Bezugsperson sein soll. Manche Kinder werden direkt nach der Geburt verplant. Mutter, Vater, zwei Großmütter und ein Großvater wollen das Kind verwöhnen, mit ihm umgehen und zu seiner Erziehung beitragen. Für ein Kind ist wichtig, zuerst mit einer einzigen Bezugsperson anzufangen. Trotz aller Frauenrechte und der modernen Veränderungen in der Gesellschaft ist diese Bezugsperson von Anfang an die Mutter. Die Zeit vor der Geburt zählt nämlich zum Leben dazu. Und während dieser Zeit ist die Mutter der Mensch, an den das Baby gebunden ist. Es gewöhnt sich an ihren Herzschlag und an den Klang ihrer Stimme. Wenn das Baby gestillt wird, wird die Bindung noch intensiver. Bei der Mutter fühlt sich das Baby quasi wie zuhause. Jede andere Mensch mag das Baby lieben und sich gern um darum kümmern. Für das Kind aber sieht die Wirklichkeit anders aus. Gerade in den ersten Monaten nach der Geburt ist ihm alles fremd. Damit sind in erster Linie die Sinneseindrücke gemeint. Erwachsene sollten sich in Neugeborene und Kleinstkinder hineinversetzen. Der kleine Mensch braucht viele Schritte, um sich in der neuen Welt zu orientieren. Die beste Hilfe dabei ist die Mutter, denn sie ist ihm bereits seit seiner Entstehung bekannt. Großeltern, Freunde und

Verwandte sind ihm fremd und erschweren ihm, sich schnell einzugewöhnen.

Stellen Sie sich eine typische Familie vor, in der seit langer Zeit wieder Nachwuchs zur Welt kommt. Die beiden Eltern erwarten ihr Kind sehnsüchtig. In den ersten Wochen sind die vier Großeltern fast täglich zu Gast, um nichts zu verpassen. Das Baby erlebt unzählige neue Gerüche, es wird von fremden Händen gestreichelt, hört fremde Stimmen. Außerdem ist die gesamte Umgebung fremd. Wenn es weint, versucht immer jemand anders, für Trost zu sorgen. Gewickelt wird abwechselnd und alle Erwachsenen sind zufrieden. Was aber ist mit dem Kind? Sicher, niemand kann einem Baby in den Kopf schauen. Eines aber ist sicher: Kinder, die eine einzige feste Bezugsperson hatten, mit der sie im ersten Lebensjahr eine stabile Bindung erfahren konnten, haben im späteren Leben weniger Probleme in ihrer Entwicklung.

Was Hänschen nicht lernt....

.... lernt Hans nimmermehr. So zumindest haben unsere Großeltern sich den Prozess des Lernens vorgestellt. Sie hatten damit teilweise Recht. Allerdings bezieht sich das nicht auf Wissen und auf Fähigkeiten, sondern auf Gefühle. Ein Baby lernt, dass es eine eigene Person ist. Es lernt, Gesichter zu deuten und Stimmungen aufzunehmen. Das Baby lernt von der Bezugsperson, was gut und was schlecht ist. Stellen Sie sich die folgende Situation vor:

Baby Klausi ist etwa sechs Monate alt und beginnt, selbstständig zu essen. Die Mutter setzt es gern in einen Kinderstuhl und gibt ihm einen Zwieback. Wenn Baby Klausi den Zwieback auf den Boden wirft, setzt die Mutter ein strenges Gesicht auf und legt den Zwieback außer Reichweite. Das ist ihre Art, Baby Klausi zu vermitteln, dass er nichts mutwillig auf den Boden werfen soll. Es könnte klappen, wenn nicht Oma Heide wäre, die Baby Klausi jeden Donnerstag für sich allein haben möchte. Auch bei Oma Heidi sitzt der Kleine in einem Kinderstuhl und nuckelt an seinem Zwieback. Er wirft ihn herunter, Oma lacht und hebt ihn wieder auf. Er wirft ihn herunter, Oma lacht und hebt ihn wieder auf. Abends beim Abholen bekommt die Mutter die Szene geschildert. Sie erklärt, wie sie in dieser Situation agiert und Oma Heidi entgegnete: „Sei doch nicht so streng. Außerdem dürfen Omas ihre Enkel verwöhnen." Oma Heidi wirft Baby Klausi einen richtig dicken Stein in den Weg. Denn er kann nicht lernen, eine Situation zu händeln. Vielmehr lernt er, dass es offensichtlich keine Regeln zu geben scheint.

Das Beispiel ist plakativ und steht eher für die vielen Situationen, in denen Erwachsene sehr junge Kinder verwirren und verunsichern wollen. Um eine stabile Beziehung aufzubauen, sollte auch klar sein, wer das Baby erzieht. Alle anderen Kontaktpersonen haben sich an die Vorgaben der Bezugsperson zu halten. Diese Form von Klarheit sollten Erwachsene den Kindern zuliebe aufbringen. Denn wahre Liebe zum Kind zeigt sich nicht darin, dass Erwachsene sich ihren Spaß auf Kosten der Kinder machen, sondern darin, dass die Erwachsenen

ihre eigenen Bedürfnisse zurückstellen, damit Kinder
keinen Schaden nehmen.

26

Der imaginäre Energiespeicher

Eine stabile Bindung zwischen der Bezugsperson und dem Kind wirkt sich später auch dann positiv aus, wenn das Kind längst nicht mehr am Rockzipfel hängt. Viele Fachleute gehen davon aus, dass die Kleinkindphase mit einem Fass zu vergleichen ist, dass mit Liebe, Vertrauen und Zuverlässigkeit gefüllt wird. Wenn es voll ist, bleibt es für den Rest des Lebens als Energiespeicher vorhanden. Wenn es nicht voll wird, bevor diese Phase abgeschlossen wird, wird es verschlossen und es steht weniger Energie zur Verfügung. Dieses Fass ist nicht nachfüllbar. Es gibt Kinder, die über ein volles Energiefass verfügen und solche, bei denen weniger Energie zur Verfügung steht. Man kann die fehlende Energie durch Suchtmittel oder durch materielle Werte zu stopfen versuchen. Leider weiß auch ein Laie mit seinem gesunden Menschenverstand, dass das nicht möglich ist. Der imaginäre Energiespeicher hat einen großen Einfluss darauf, ob ein Mensch selbstbewusst und optimistisch sein Leben anpackt oder eher verängstigt und scheu im Hintergrund bleibt. Dieser Energiespeicher ist das Urvertrauen. Aus diesem Urvertrauen entwickeln sich viele Stärken, die notwendig sind, um Lebensfreude und Lebensmut zu fühlen. Das Beispiel Pippi Langstrumpf wird gern als Beispiel für Urvertrauen gesehen. Die kleine Göre hat das Gefühl, alles zu können und jeder Aufgabe gewachsen zu sein. Sie richtet sich in ihrem kunterbunten Haus mit Äffchen und Pferd ein und freut sich des Lebens. Ihre Schatzkiste, die das Gold von ihrem Vater Ephraim Langstrumpf enthält, scheint nie leer zu werden. Diese Schatzkiste ist ein Bild für den Energiespeicher, der diesem glücklichen Kind zur Verfügung steht.   Die feste Bindung, die Pippi Langstrumpf zu ihren Eltern hat, stellt die Autorin Astrid Lindgren dadurch dar, dass Pippi immer weiß, wo die Eltern sich aufhalten. Mama ist im Himmel und Papa ist auf Taka-Tuka-Land, einer Insel in der Südsee. Pipi Langstrumpf fehlt nichts. Die Eltern haben einen stabilen Grundstein gelegt.

Rituale machen Beziehung

Bleiben wir noch ein Weilchen bei Pippi Langstrumpf. Wer die Bücher oder die Verfilmungen kennt, kann einiges für seinen Umgang mit den eigenen Kindern lernen. Pippi hat Rituale und Sicherheit. Sie wünscht der Mutter im Himmel jeden Abend eine gute Nacht. Das ist ein wichtiges kleines Ritual. Viele Kinder in der modernen Zeit kennen diese alte Sitte gar nicht mehr. Sie sehen als letztes Bild des Abends eine Einstellung auf dem Fernsehbildschirm. Suchen Sie sich ein passendes Ritual für sich und Ihr Kind aus. Hier kommt es in erster Linie auf die Regelmäßigkeit an. Das wichtigste Gebot bei Ritualen ist die Sicherheit. Nehmen Sie sich also lieber täglich zehn Minuten Zeit, auf die das Kind sich verlassen kann, als hin und wieder ein ganzes Wochenende Zeit für ein Ritual. Wenn Kinder älter werden und bereits in der Schule sind, kann das Ritual wöchentlich stattfinden, bei Jugendlichen reicht einmal pro Monat. Nehmen Sie sich aber nichts vor, was Sie nicht halten können.

✓ **<u>Spielkiste, um stabile Bindungen zu trainieren</u>**

1. Eine stabile Bindung zu einer Bezugsperson
2. Zeit, Körperkontakt und gemeinsames Erleben
3. Rituale

4. Beachtung durch die Bezugsperson

5. Kuscheltier/ Puppe

Kleiner Glückstipp für JETZT:

Jetzt könnten Sie Ihr Kind dazu einladen, mit Ihnen einen tollen Eisbecher zu kreieren. Sie brauchen dazu Eis in der Kühltruhe, bunte Plätzchendeko, Sahne und evtl. Soße und (Dosen-)obst. Entweder gestalten Sie ihr Supereis gemeinsam (ab etwa 2 Jahren) oder das Kind darf das Eis zurechtmachen. Das fördert das Selbstbewusstsein, das Selbstwertgefühl und die Selbstwirksamkeit. Außerdem trainiert es das Einfühlungsvermögen, wenn es dabei versucht, der Mama oder dem Papa ein perfektes Eis zu servieren. Die Zutaten für einen Eisbecher sollten Sie immer im Hause haben. Ein Eisbecher ist schneller hergerichtet als Kekse zu backen sind.

Selbstwirksamkeit

„Spielen ist eine Tätigkeit, die man gar nicht ernst genug nehmen kann."

(Jacques-Yves Cousteau)

Starke Kinder wehren sich und haben den Mut, ihr Leben selbst zu gestalten. Die Fähigkeit, sich selbst als wirkungsvoll zu bezeichnen, wird *Selbstwirksamkeit* genannt. Für eine glückliche Kindheit ist daher wichtig, dem Kind Macht zu geben. Es sollte schon früh entschieden, was es anziehen möchte und wie sein Zimmer gestaltet sein soll. Je mehr das Kind das Gefühl hat, etwas bewegen zu können, umso schneller begreift es, dass es nicht ohnmächtig ausgeliefert ist. Das Kind kann seine Kreativität ausleben und erfährt, dass seine Ideen und Vorstellungen ernst genommen werden. So fühlt es sich bedeutungsvoll.

Die Selbstwirksamkeit ist ein großer Bestandteil des Selbstwertgefühls. Wer von der Umgebung die Botschaft bekommt, dass er (noch) nichts richtig kann, hält sich für mangelhaft. Lassen Sie Ihr Kind alles versuchen, was es möchte und sich zutraut. Riskante Aktionen sind natürlich ausgenommen. Alles, was das Kind selbst kann, gibt ihm ein Gefühl der Macht über sein eigenes Leben. Das ist ein wichtiger Faktor für das Selbstwertgefühl und für die Eigenverantwortung. Selbstwirksamkeit können Eltern fördern, indem sie das Kind daran hindern, die Opferrolle einzunehmen.

Die folgenden Aussagen stärken die Selbstwirksamkeit
des Kindes:

1. „Mach das mal selbst, du bist groß genug“

2. „Wehr dich, du kannst das.“

3. „Hol dir die Schaufel zurück, du bist doch ein
    starkes Mädchen“

4. „Sag laut und deutlich NEIN, wenn Simon dich
    wieder um Schokolade anbettelt.“

5. „Such dir mal die neue Farbe für deine
    Zimmerwände aus.“

6. „Welchen Pulli möchtest du anziehen?“ (Und
    dann bitte nicht einmischen, egal wie komisch
    verkleidet das Kind zum Kindergarten geht.)

"Ich mach mir die Welt, widdewidde wie sie mir gefällt."

(Pippi Langstrumpf von Astrid Lindgren)

Pippi Langstrumpf ist ein starkes Kind, das sich viel
zutraut. Das kleine Mädchen ist davon überzeugt, eine
große Macht über das eigene Leben zu haben. Es hat die
feste Überzeugung, dass ihm die ganze Welt offen steht.
Es macht glücklich, seinen eigenen Weg gehen zu dürfen
und sich nicht eingeschränkt zu fühlen. Deshalb sollte
das Kind nicht gebremst werden, wenn es Pläne entwirft,
die etwas abenteuerlich oder unrealistisch wirken. Das

Kind wird seine eigenen Erfahrungen mit seinen Vorhaben machen. Über diese Versuche, zu gestalten lernt das Kind sich selbst und die ihm gesetzten Grenzen auf spielerische Weise kennen. Hier lautet das Motto für die Eltern: Versuch macht klug.

✓ **<u>Spielkiste, um Selbstwirksamkeit zu trainieren</u>**

1. Knetgummi, Ton, Sandkasten (damit das Kind merkt, dass es etwas erschaffen kann.)
2. Material für kreatives Werken
3. Entscheidungsfreiheit bei Kleidung, Essen etc.
4. Ermutigung, sich gegen andere durchzusetzen
5. Zeit, die eigenen Vorhaben umzusetzen

Kleiner Glückstipp für JETZT:

Ein kleiner Spaziergang kann Wunder wirken. Nehmen Sie sich 30 Minuten Zeit für ein wenig Zeit zu zweit an der frischen Luft. Das macht auch Teenagern noch Freude. Wenn Sie sich dabei angeregt mit Ihrem Kind unterhalten, fördert das die Kommunikation und das Einfühlungsvermögen.

Selbstbewusstsein

„Die Natur will, dass die Kinder Kinder seien, ehe sie Erwachsene werden. Wollen wir diese Ordnung umkehren, so werden wir frühreife Früchte hervorbringen, die weder Saft noch Kraft haben: jugendliche Greise und greise Jugendliche." (Jean Jacques Rousseau)

Das Selbstbewusstsein ist das Wissen darum, wer ein Mensch ist. Es hängt stark mit der Identität zusammen. Außerdem sind im Selbstbewusstsein auch das Erkennen von eigenen Gefühlen, Vorlieben, Abneigungen und Vorstellungen verankert. Ein Kind, dem die Eltern vorschreiben, wer es ist und wie es fühlen soll, kann kein Selbstbewusstsein entwickeln. Eltern müssen daher damit leben, dass ihr Kind manchmal oder sogar häufig, gar nicht so ist, wie sie es gern hätten. Selbstbewusstsein wird gestärkt, indem die Eltern Fragen stellen:

1. Wie findest du das?
2. Wie fühlst du dich?
3. Was gefällt dir?
4. Magst du das?

✓ <u>**Spielkiste, um Selbstbewusstsein zu trainieren**</u>

1. Karaoke spielen
2. Rollenspiele, Verkleidungsspiele
3. Lob und Anerkennung durch die Bezugsperson

Kleiner Glückstipp für JETZT:

Ein kurzes Spielchen auf dem PC ist glücklichen Kindern nicht verboten. Zeigen Sie Ihrem Kind doch mal die Spiele der „Alten". Erinnern Sie sich noch an Crunchy oder Tetris? Lassen Sie Ihr Kind über die gute alte Zeit lachen.

Manchmal braucht jeder Mensch eine Pause, denn wir können nicht immer nur arbeiten und lernen. Zu viel Stress macht krank - also ruhig mal eine Denkpause einlegen und etwas tun, dass so richtig Spaß macht!

Selbstvertrauen

„Dein Kind sei so frei es immer kann. Lass es gehen und hören, finden und fallen, aufstehen und irren."

(Johann Heinrich Pestalozzi)

Neben Selbstwertgefühl und Selbstbewusstsein gehört Selbstvertrauen zu einer glücklichen Kindheit. Es bedeutet, dass das Kind auf seinen eigenen Fähigkeiten und auf sein Können vertrauen kann. Im Rahmen einer festen Bindung wird die Bezugsperson das Selbstvertrauen zu stärken helfen. Dazu gehört, dass diese Bezugsperson erkennt, welche Wünsche das Kind hinsichtlich seiner Fähigkeiten hat. Was möchte der Steppke können? Welche Hürden möchte er nehmen? Schon auf dem Spielplatz lässt sich Selbstvertrauen aufbauen. Das geschieht immer dann, wenn Eltern ihre Kinder nicht auf die Rutsche heben, sondern die Geduld aufbringen, dem Kind beim Klettern zur Seite zu stehen. Eltern, die wenig Zeit haben, neigen dazu, dem Kind alles aus der Hand zu nehmen. „Lass mal, ich kann das besser." Solche Aussagen verhindern, dass das Kind lernt, was es kann. Wenn es sein Können nicht erproben kann, kann es kein Vertrauen zu sich selbst aufbauen. Hinfallen und irren oder Fehler machen sind erst dann schlimm für ein Kind, wenn die Eltern die Missgeschicke abwerten. Für ein Kind gehören diese Erfahrungen zum Leben. Erst die Erwachsenen bringen ihm bei, sich dafür zu schämen oder sich selbst abzuwerten.

Die folgenden Verhaltensweisen sind gut geeignet, einem Kind Selbstvertrauen zu vermitteln:

1. Wenn es fällt, selbst wieder aufstehen lassen (egal, wie lange es dauert und wie komisch es aussieht)
2. Schwere Gegenstände allein tragen lassen, bis das Kind um Hilfe bittet.
3. Klettern lassen und maximal eine Sicherheit im Hintergrund bieten, die das Kind nicht spürt.
4. Rätselaufgaben zur Verfügung stellen, die dem Kind seine geistigen Fähigkeiten zeigen können (nicht zu schwer)
5. Dinge, die das Kind in seinen Augen gut gemeistert hat, anerkennen.

✓ **<u>Spielkiste, um Selbstvertrauen zu trainieren</u>**

1. motorische Herausforderungen wie Kletterwand etc.
2. Schwimmen, Radfahren, Sport
3. Knobelaufgaben

Kleiner Glückstipp für JETZT:

Erzählen Sie Ihrem Kind einen Witz. Mit jüngeren Kindern können Sie einen Abzählreim spielen. Witze finden Sie im Internet oder über diverse Smartphone Apps.

Neugier

„Ein Kind ist ein Buch, aus dem wir lesen und in das wir schreiben sollen." (Peter Rosegger)

Ein glückliches Kind hat strahlende Augen, rote Wangen und schmutzige Kleidung. Dieses Kind kommt gerade aus dem nahe gelegenen Wäldchen und hat einen Ameisenhaufen analysiert. Es könnte auch von einem Freund kommen, mit dem es am Elektrobaukasten gespielt hat. Oder es war im Garten und hat mit Kumpels ergründet, warum Indianer und Cowboys doch Freunde sein können. Vielleicht hat es auch gebuddelt, um den Erdkern zu finden. Kinder wollen die Welt erforschen. Glückliche Kinder haben ihre eigenen Fragen und wollen ihnen auf den Grund gehen. Im oben genannten Zitat weist Rosegger darauf hin, dass Erwachsene und Kinder sich gegenseitig beeinflussen. Das ist ein wichtiger Hinweis. Denn Kinder brauchen nicht nur Impulse von Erwachsenen. Sie brauchen auch Erwachsene, die ihrem Abenteuersinn mit Verständnis und Wohlwollen begegnen. Glücklichen Kindern steht die ganze Welt offen. Sie sollten sie neugierig ergründen dürfen, denn was Kinder selbst herausfinden, brauchen sie zur Orientierung. Auch Erwachsene haben Interessen. Diese sind oft von denen der Kinder weit entfernt. Die Fragen der Kinder sind wichtig, damit sie die Welt genau so verstehen, wie sie es brauchen. Lassen Sie Ihre Kinder die Antworten auf ihre Fragen selbst finden. Das stärkt das Selbstvertrauen, das Selbstwertgefühl und das Selbstbewusstsein. Was Eltern tun können, um ihr Kind zur Neugier zu ermutigen, ist:

1.   Experimente ermöglichen

2.   Viel freie Zeit ohne Plan ermöglichen

3.   Materialien für Kreativität zur Verfügung stellen

4.   Nicht zu sehr auf Sauberkeit und Ordnung achten, wenn das Kind spielt

5.   Fragen der Kinder ernst nehmen

6.   Ermutigen, selbst zu probieren, was auch immer es sein mag (natürlich nicht, wenn echte Gefahr droht)

"Faul sein ist wunderschön! Und dann muss man ja auch noch Zeit haben, einfach dazusitzen und vor sich hin zu schauen"

(Pippi Langstrumpf von Astrid Lindgren)

Wer Neugier entwickeln will, braucht Zeit. In dieser Zeit sollte nichts auf dem Plan stehen. Auch Fernsehen und Co. sollten nicht genutzt werden. Experten sprechen hier von kreativer Langeweile. Wenn das Kind nicht abgelenkt ist, wird es sich etwas einfallen lassen. Das kann schon mal eine Weile dauern. Vielleicht beginnt das Kind dann, zu nörgeln und zu quengeln. Das müssen Eltern aushalten können. Nach ein paar Minuten wird sich das Kind beschäftigen. Je aktiver das Kind ist, umso kürzer ist die Nörgelei. Es entsteht die Lust darauf, eingefahrene Wege zu verlassen.

✓ <u>**Spielkiste, um Neugier zu trainieren**</u>

1. Zeit allein in freier Natur
2. Bücher, Zeitschriften, Bibliotheksausweis
3. Experimentierkästen
4. Baukästen
5. Bastelmaterial

Kleiner Glückstipp für JETZT:

Fotos sind eine tolle Gelegenheit, ins Gespräch zu kommen. Nehmen Sie sich kurz Zeit, um ein paar gemeinsame Selfies zu machen. Auch die moderne Technik bietet viele Möglichkeiten, kleine Glücksmomente zu schaffen. Lassen Sie Ihr Kind aber niemals zur Technik greifen, weil kein menschlicher Ansprechpartner zur Verfügung steht.

Die zweite Säule: Soziale Kompetenz – so werden Gewinner erzogen

„Kinder, die man nicht liebt, werden Erwachsene, die nicht lieben."

(Pearl S. Buck)

Der Mensch ist ein soziales Wesen. Ohne Kontakt zu anderen Menschen verkümmern wir und verlieren die Freude am Leben. Je größer die sozialen Fähigkeiten eines Kindes sind, umso schneller findet es Freunde und Unterstützer. Ein schüchternes Kind mit Berührungsängsten wird schnell zum Außenseiter. Das macht unglücklich. Glückliche Kinder wollen beliebt und anerkannt sein. Eltern, die ihrem Kind eine glückliche Kindheit bescheren wollen, werden darauf achten, dass ihr Kind Offenheit, Toleranz und Kommunikationsfähigkeiten entwickeln kann. Dazu gehört, dass sie als Vorbilder agieren und die sozialen Fähigkeiten mit dem Kind üben. Auch Spielzeuge, das sich für Rollenspiele eignet, hat eine wichtige Funktion für diesen Lernschritt. Denn ein glückliches Kind lernt nicht nur, wie Physik und Mathe funktionieren, sondern darüber hinaus auch, wie Kontakte geknüpft und Freundschaften gepflegt werden.

Kommunikation

Der Begriff Kommunikation wird in unserer Gesellschaft in jedem Zusammenhang verwendet. Kommunikation ist das, was Menschen zusammenführen und trennen kann. Dazu gehören das Äußern von Gefühlen, das Zuhören und der Austausch von verschiedenen Meinungen. Kommunikation lernt ein Kind durch aktives Erleben im Elternhaus, im Kindergarten und in der Schule. Dabei gibt es zahlreiche Regeln zu beachten. Das Vorbild der Eltern spielt eine sehr wichtige Rolle. Wenn das Kind erlebt, dass Eltern sich nur anschweigen oder streiten, hat es nicht die besten Voraussetzungen, erfolgreich zu kommunizieren. Auch die Kommunikation, die die Eltern mit dem Kind pflegen, dient als Training. Wenn Eltern ihrem Kind nicht nur vermitteln, dass es „schlimme Wörter" gibt, ist schon viel gewonnen. Kinder sollten lernen, über sich selbst und ihre Gefühle zu sprechen. Auch Nachfragen und Feedback geben sind wichtige Kompetenzen. Deshalb darf auch ein Kind gefragt werden: „Was denkst du über das neue Sofa?" Wichtig ist in erster Linie, dass die Kommunikation sehr umfangreich ist. Vor einigen Jahren hat eine Umfrage ergeben, dass Eltern und Kinder pro Tag im Durchschnitt weniger als zehn Minuten pro Tag miteinander kommunizieren. Dabei ist gemeint, sich im gleichen Raum zu befinden. Neben der verbalen Kommunikation gehören nämlich auch Mimik und Gestik dazu. Eine WhatsApp- Nachricht darüber, dass das Essen im Kühlschrank steht ist nicht gemeint. Kommunizieren ist ein Prozess, der sich aus Aktion und

Reaktion ergibt. Einfache Mitteilungen und Informationen gehören nicht dazu.

- ✓ **<u>Spielkiste, um Kommunikation zu trainieren</u>**

1. eine stabile Bindung zu einer Bezugsperson
2. Vorbilder
3. Gesprächszeit mit den Eltern
4. Rollenspiele, Kaspertheater, Playmobilfiguren, Puppen und Kuscheltiere
5. gleichaltrige Freunde

Kleiner Glückstipp für JETZT:

Kommunikation macht Spaß. Singen Sie mit Ihrem Kind. Drehen Sie die Musik auf und nehmen Sie sich zehn Minuten Zeit, um zu singen oder zu tanzen. Wenn das Kind schon älter ist, können Sie sich nach seinem aktuellen Lieblingshit erkundigen und ihn gemeinsam hören. Das stärkt Selbstwirksamkeit und Selbstwertgefühl.

Teamfähigkeit

"Liebe kann man lernen. Und niemand lernt besser als Kinder. Wenn Kinder ohne Liebe aufwachsen, darf man sich nicht wundern, wenn sie selber lieblos werden."

(Astrid Lindgren)

Liebe *ist das Grundprinzip einer glücklichen Kindheit. Das kann gar nicht oft genug betont werden. Um mit anderen harmonieren zu können und echte, tragfähige Beziehungen zu knüpfen, braucht ein Kind Teamfähigkeit.*

Ein Kind, das alles für sich allein haben will und machen möchte, wird es sehr schwer haben. Traurigkeit ist vorprogrammiert, wenn Teamfähigkeit nicht vorhanden ist. Gemeinsame Erlebnisse mit Altersgenossen gehören in jedem Fall zu einer glücklichen Kindheit. Eltern, die ihr Kind darauf vorbereiten, sich in einem Team gut und sicher zu verhalten, erweisen ihm damit einen großen Dienst. Zur Teamfähigkeit gehört aber nicht nur das Teilen von Spielsachen und Süßigkeiten. Auch Toleranz, Zuhören und andere Meinung akzeptieren sind wichtige Fähigkeiten. Ganz wichtig ist es, dem Kind zu vermitteln, dass es viele verschiedene Wahrheiten gibt. In einem harmonischen Team wird nicht über persönliche Ansichten gestritten, ein Team setzt sich aus Unterschieden zusammen, die sich gegenseitig bereichern können. Eltern könnten, um die Teamfähigkeit ihres Kindes zu fördern, folgendes tun:

1. *vermitteln, dass Unterschiede zum Leben gehören*
2. *vermitteln, dass Unterschiede bereichern*
3. *zur Geduld und zum Zuhören ermutigen*
4. *vorschnelle Urteile vermeiden*
5. *geben und nehmen als gleichwertig darstellen*

✓ **<u>Spielkiste, um Teamfähigkeit zu trainieren</u>**

1. gleichaltrige Freunde
2. kleine Aufgaben in der Gruppe (Familie)
3. Brettspiele, die auf Teamfähigkeit abzielen

Kleiner Glückstipp für JETZT:

Einfach mal in den Arm nehmen. Das ist zwar keine außergewöhnliche Aktion, freut aber jedes Kind und schließlich auch den Erwachsenen.

Mitgefühl

„Kinder erleben nichts so scharf und bitter wie Ungerechtigkeit.“

(Charles Dickens)

Kinder sind naturgemäß bereit, Mitgefühl zu zeigen. Je enger die Bindung zur ersten Bezugsperson ist, umso besser kann ein Kind sich in andere Menschen einfühlen. Wenn es die Mutter intensiv erlebt, lernt schon ein Baby zu erkennen, wann sie traurig oder fröhlich ist. Es weiß, wie und wann es die Mutter trösten kann. Ein Baby, das mitfühlen darf, wird sich später in andere hineinversetzen können. Es lernt an der Mimik der Mutter schon sehr früh, Gefühle und Stimmungen zu erkennen. Dieses frühe Üben vermittelt Kompetenzen, die für das ganze spätere Leben wichtig sind. Wenn Kinder älter werden, werden Rollenspiele eingesetzt, um Mitgefühl zu vermitteln. Das Kind lernt, sich in andere hineinzuversetzen. Dabei bekommt es auch gleich ein Gespür für Gerechtigkeit und Fairness.

✓ **<u>Spielkiste, um Mitgefühl zu trainieren</u>**

1. eine stabile Bindung zu einer Bezugsperson

2. Zeit, Körperkontakt und gemeinsames Erleben

3. Beachtung der kindlichen Gefühle durch die Bezugsperson

4. Kommunikation

5. Rollenspiele

6. Bücher, in denen Mitgefühl thematisiert ist

Kleiner Glückstipp für JETZT:

Stellen Sie Ihrem Kind die Frage nach den drei persönlichen Wünschen, wenn eine Fee vorbeikäme. Geben Sie auch Ihre Wünsche preis. Sich zu öffnen kann man gar nicht genug üben. Wenn Sie Ihre Wünsche offenbaren, ist dieses Vertrauen eine wertvolle Anerkennung für das Kind.

Die dritte Säule: Eigenverantwortung

„Alle unsere Irrtümer übertragen wir auf unsere Kinder, in denen sie untilgbare Spuren hinterlassen.

(Maria Montessori)

Maria Montessori hat eine Pädagogik entwickelt, in der Eigenverantwortung das große Ziel ist. Eigenverantwortung schützt davor, sich gehen zu lassen oder sich die eigenen Fehler nicht eingestehen zu wollen. In ihrer Pädagogik geht es darum, Kindern schon früh ein Gefühl dafür zu vermitteln, wann und in welcher Art sie etwas leisten können. Die Kinder haben sehr viele Freiheiten, müssen aber ihre Aufgaben gewissenhaft und zur rechten Zeit erledigt haben. Nur mit Eigenverantwortung können Kinder lernen, für sich selbst zu sorgen. Das stärkt nicht nur das Selbstvertrauen und das Selbstwertgefühl, sondern auch die Autonomie. Eigenverantwortung ist notwendig, um Ziele zu erreichen und selbstkritisch zu handeln. Am Ende ist die Eigenverantwortung der Schlüssel zum Erfolg. Wenn Eltern denken, dass ihre Kinder es einmal besser haben sollten als sie selbst, dann sollten sie Eigenverantwortung vermitteln. Bemerkenswert soll sich in dieser Hinsicht der Künstler Sting geäußert haben. Der erfolgreiche Sänger hat ein beträchtliches Vermögen angesammelt. Auf die Frage, wie und in welcher Form seine Kinder davon erben sollen, soll er geantwortet haben: „Ich gebe mein Geld selbst aus. Meine Kinder können ihr eigenes Geld verdienen, denn das habe ich ihnen beigebracht."

Glückliche Kinder sind Kinder, die früh merken, dass sie ohne elterliche Hilfe die Anforderungen des Lebens meistern können. Gerade bei Schulkindern ist diese Fähigkeit gut zu vermitteln. Denn wenn Kinder ihre Hausaufgaben selbst erledigen müssen, lernen sie schnell, wie ihre Leistungen mit ihrem Erfolg verbunden sind. Eltern sollten eher eine schlechte Note akzeptieren, die das Kind ohne Hilfe bekommen hat, als eine gute Note loben, die nur durch Unterstützung zustande gekommen ist.

Frustrationstoleranz

Um Eigenverantwortung leben zu können, muss ein Kind mit Frustrationen umgehen können. As Kind, das alles hinwirft, weil es nicht auf Anhieb klappt, hat kaum eine Toleranz hinsichtlich seines eigenen Scheiterns. Dauerhaft wird es dadurch entmutigt und traut sich immer weniger zu. Eltern, die beim Scheitern einer Aufgabe ermutigend sind, helfen ihrem Kind nachhaltig. Einen zweiten Versuch zu wagen bedeutet, zu lernen. Wenn das Vorhaben im zweiten oder dritten Anlauf gelingt, ist das Kind stolz und beginnt, sich mehr zuzutrauen.

- ✓ Spielkiste, um die Frustrationstoleranz zu trainieren
1. Umgang mit Scheitern lernen
2. Geduldspiele
3. Puzzlespiele
4. Knobel- und Rätselaufgaben

Kleiner Glückstipp für JETZT:

Ein kleines Geduldspiel wie Packesel oder ähnliches geht immer. Notfalls bauen Sie ein Kartenhaus. Es dauert nicht lange und macht einfach nur Spaß.

Mut

Nur ganz mutige Kinder können damit leben, zu scheitern. Es erfordert Mut, kein Held zu sein. Seine eigenen Schwächen zu erkennen und damit zu leben, dass andere stärker sind, ist schon eine beachtliche Leistung für ein Kind. Wenn Eltern ihrem Kind zu verstehen geben, dass es liebenswert ist, auch wenn es scheitert, kann das Kind sich selbst besser annehmen, wenn mal nicht alles nach Plan verläuft.

Mut kann aber auch auf anderer Ebene wichtig sein. Kinder haben ein ausgeprägtes Gerechtigkeitsempfinden. Wenn Eltern ihre Kinder ermutigen, Partei zu ergreifen und die eigene Meinung zu äußern, helfen Sie ihm dabei, mutig zu werden. In diesem Fall kommt das der Selbstwirksamkeit zugute.

Die dritte Mutkomponente ist eher körperlich orientiert. Lassen Sie Ihr Kind spielen, toben, klettern und Mutproben machen. Ein Kind, das sich ängstlich abseits hält, findet schwerer Freunde. Ein mutiges Kind traut sich selbst mehr zu. Sprechen Sie rechtzeitig mit Ihrem Kind über den Unterschied zwischen Wagemut, Leichtsinn und echtem Mut. Sie können Beispiele anführen und sich die Meinung Ihres Kindes zum Thema Mut anhören. Wer ist mutig? Wer ist eher unvernünftig? Ein mutiges Kind hat seltener Angst und ist daher freier in seinem Handeln.

✓ Spielkiste, um Mut zu trainieren

1. Gelegenheiten, sich auszuprobieren

2. Tobe- und Sportspiele

3. Unterstützung bei der Äußerung der eigenen
    Meinung

5. Ermutigung, sich durchzusetzen

Kleiner Glückstipp für JETZT:

Kitzeln! Eine viel zu selten genutzte Chance, ein Kind
zum Lachen zu bringen. Selbstverständlich muss das
Kind auch kitzeln dürfen.

Konzentration

Konzentrationsstörungen gehören leider heute für viele Kinder zum Alltag. Die modernen Medien werden als Ursache gesehen. Dabei ist Konzentration eine Voraussetzung für viele wichtige Prozesse wie:

1. Lernen

2. Spielen

3. Ziele erreichen

4. Zuhören...

Glückliche Kinder brauchen keine medialen Babysitter. Sie spielen, toben, lesen, lachen und erkunden ihre Welt. Das sollte nicht nur im Urlaub so sein. Jede Minute, die ein Kind nicht allein vor dem Bildschirm verbringen muss, ist ein unbezahlbarer Wert. Kinder brauchen Lebewesen um sich herum, die aus Fleisch und Blut sind. Moderne Medien schränken Bewegung, Kontakte und den Umgang mit sich selbst ein. Experten empfehlen, ein Kind bis zum Jugendalter nicht mit mehr als zwei Stunden Bildschirmnutzung am Tag zu belasten.

✓ Spielkiste, um Konzentration zu trainieren

1. beim Einkaufen dem Kind drei Dinge nennen, die es sich merken soll

2. Konzentrationsspiele wie Malen nach Zahlen

3. Mandalas zum Ausmalen

4. Baukästen, die die Konzentration fördern

5. Bastelpackungen

Kleiner Glückstipp für JETZT:

Hüpfekästchen aufmalen und dem Kind erklären, wie das Spiel gespielt wird. Eine Runde Murmeln im Winter auf dem Kinderzimmerteppich ist ebenfalls eine willkommene Abwechslung.

Geduld

Geduld ist der Konzentration sehr ähnlich. Um geduldig zu sein, braucht ein Kind geduldige Eltern. Denn drängelnde Erwachsene verursachen Stress und Hektik. Auch Reizüberflutung kann die Geduld mindern. Wenn ein Kind schon während eines Spiels von den Eltern darüber informiert wird, was als nächster Punkt ansteht, könnte es ungeduldig das Spiel beenden wollen, um endlich mit der Großmutter in den Park gehen zu können. Step by step heißt hier die Devise. Ein Kind sollte in der Gegenwart leben und nicht ständig unter Anspannung und Erwartungshaltung stehen.

✓ Spielkiste, um Geduld zu trainieren

1. Mandalas malen
2. bei der Hausarbeit helfen
3. Geduldspiele

Kleiner Glückstipp für JETZT:

Ein Geduldspiel ist schnell ausgedacht. Wer kennt nicht das lustige Spiel, bei dem der verliert, der zuerst lacht? Ein paar Minuten Spaß sind damit garantiert.

Ehrgeiz

Ehrgeiz ist ein Wert, der in der modernen Welt immer weiter in den Hintergrund tritt. Doch ohne Ziele, die erreicht werden sollen, wird sich ein Mensch nicht bewegen. Ehrgeiz sollte natürlich nicht übertrieben werden. Aber es lohnt sich, seinem Kind den Zusammenhang zwischen einem Ziel, das erreicht wird, und seinem eigenen Stolz auf seine Leistung näherzubringen. Ehrgeiz können Eltern in die richtige Bahn lenken, indem sie mit ihrem Kind über seine Pläne und seine Erwartungen an sich selbst sprechen. Wenn ein Kind lernt, seine großen Ziele in viele kleine Schritte zu unterteilen, wird es erfolgreicher sein. Erfolg macht glücklich.

✓ Spielkiste, um Ehrgeiz zu trainieren

1. Ziele finden, die gemeinsam mit dem Kind erreicht werden können

2. Bastelpackungen

3. Belohnungen in Aussicht stellen

4. Malsachen, um Ziele aufzuzeichnen oder zu malen

Kleiner Glückstipp für JETZT:

Gehen Sie mit Ihrem Kind in die Natur und suchen Sie Naturmaterialien. Dekorieren Sie zu zweit den Esstisch.

Natur ist in jedem Fall ein Glücksfaktor für junge und
ältere Menschen.

Fazit: Glückstipps für den Alltag

Eine stabile Bindung ist die Basis für eine glückliche Kindheit. Denn ein glückliches Kind braucht nicht nur Spaß, sondern auch Sicherheit. Den Aufbau dieser Sicherheit können die Eltern nicht an die Kita oder die Oma abgeben. Die Bezugsperson eines Kindes sollte im gleichen Haushalt wohnen und auch im Urlaub, am Wochenende und nach Feierabend erreichbar sein. Je jünger das Kind, umso intensiver sollte die Bindung gelebt werden. Wer sein Kind täglich glücklich sehen möchte, der erreicht das leicht, indem er sich ein wenig raushält. Ein glückliches Kind braucht Zeit, Ruhe und Möglichkeiten. So kann es sich frei entscheiden, was es erleben möchte. Kinder, die unter Freizeitstress leiden, sind weniger glücklich. Auch eine Reizüberflutung ist schädlich für das Glücksempfinden. Die beste Kindheit ist noch immer die natürliche Kindheit, in der das Kind selbst die Impulse für seine Entwicklung setzt. Diese Form des Aufwachsens ist in unserer modernen und vor allem durchgeplanten Gesellschaft kaum möglich. Aber jede Mutter und jeder Vater können einen Betrag dafür leisten, dass ihr Kind so natürlich wie möglich aufwachsen darf.

Stress und Glück vertragen sich nicht. Das betrifft auch Schulkinder. Ein Schulkind sollte wissen, dass es die Möglichkeit bekommt, zu lernen. Es ist nicht besonders klug, die Schule als den „Ernst des Lebens" zu sehen. Lernen und Spielen stehen sehr nah beieinander.

Deshalb sollte nicht zu sehr auf Zensuren geachtet werden. Wenn ein Kind ein mittelmäßiger Schüler ist, aber seine Lebenskompetenzen gut ausgebaut hat, kommt er aktuellen Studien zufolge erfolgreicher durch das Leben als umgekehrt. Wenn ein Kind in der Schule die Freude am Lernen verliert, verliert es die Freude an der eigenen Entwicklung. Zur glücklichen Kindheit gehört, wachsen zu wollen, lernen zu wollen und dabei Spaß zu haben.

Auch Freunde gehören zum Glück. Eltern sollten ihrem Kind so viel freie Zeit genehmigen, wie es braucht, um Freundschaften zu knüpfen und zu pflegen. Das ist wichtiger als ein Gruppenbild von Zumba-Verein.

Eigenverantwortung erlaubt Freiheit und Freiheit macht glücklich. Diese Eigenverantwortung kann ein Kind lernen, indem es Verantwortung übernimmt. Lebewesen wie Pflanzen und Haustiere gehören zur glücklichen Kindheit. Notfalls kann auch eine Patenschaft für ein Tier im Tierheim übernommen werden.

Schlußwort

Liebe Leserin, lieber Leser,

vielen Dank, dass Sie dieses Buch gelesen haben. Ich wünsche Ihnen eine glückliche Elternschaft mit glücklichen Kindern.

Impressum:

T.Breise

c/o Autoren.Services

Zerrespfad 9

53332 Bornheim

tbreise.buch-autoren.de

tbreise@tbreise.buch-autoren.de

Bilder: Shutterstock com Photography

Email Newsletter

Anmeldung per Email um über Neuerscheinungen und News informiert zu werden, bitte eine Email an

newsletter@tbreise.buch-autoren.de senden.

Urheberrechte

Die Inhalte dieses Werkes unterliegen dem deutschen Urheberrecht. Die Vervielfältigung, Bearbeitung, Verbreitung und jede Art der Verwertung außerhalb der Grenzen des Urheberrechtes bedürfen der schriftlichen Zustimmung des jeweiligen Autors bzw. Erstellers. Downloads und Kopien dieser Seite sind nur für den privaten, nicht kommerziellen Gebrauch gestattet.

Gratis Ebook zum schmökern

Hier ist der Link zu einem meiner Ebooks, dass nach eintragen in meiner Emailliste gratis heruntergeladen werden kann.

http://breiseebook.buch-autoren.de

www.ingramcontent.com/pod-product-compliance
Lightning Source LLC
Chambersburg PA
CBHW060211260726

48658CB00005BA/1986